Liebe Eltern!

Kinder wollen wissen, was die Welt zusammenhält. Um sich Wissen über die Welt zu verschaffen, brauchen Kinder von Anfang an auch Bücher – Sachbücher.

Viele hervorragende Sachbücher sind für Leseanfänger aber zu schwierig. Gerade weil sich viele Kinder mehr für Sachbücher als für Geschichten interessieren, brauchen sie Sachbücher, die zu ihrer Leseentwicklung und Lesefähigkeit passen.

Wenig Text, eine einfache Sprache, verständliche Begriffe und Erklärungen, anschauliche Fotos, Illustrationen und Grafiken fördern das Leseinteresse und erhalten die Lesemotivation.

So werden Kinder Schritt für Schritt zu selbständigen Lesern.

Prof. Dr. Manfred Wespel,
lesedidaktischer Berater
der arsEdition

Janet Allison Brown

Jahreszeiten

arsEdition

Inhalt

Die vier Jahreszeiten 3

Der Frühling 6
Apfelblüte • Frühlingsregen • Regenschirm
Pflügen • Ein Samen keimt • Küken

Der Sommer 12
Sommerblumen • Kleine Äpfel • Am Strand
Wandern • Biene • Kaninchen

Der Herbst 18
Laub • Reife Äpfel • Weinlese • Eichhörnchen
Die Amsel frisst Brombeeren

Der Winter 22
Bäume im Winter • Nackter Ast • Eiszapfen
Schneehase • Haselmaus

Andere Jahreszeiten 26
Im Regenwald • Am Südpol • In der Wüste

Suchspiel • Bilder-Quiz 28
Stichwörter

Die vier Jahreszeiten

Im Frühling hörst du
die Vögel singen.
Im Sommer ist es heiß.
Im Herbst fallen die Blätter
von den Bäumen
und im Winter schneit es.

Das sind die vier Jahreszeiten:
Frühling, Sommer, Herbst und Winter.

Herbst

Die vier Jahreszeiten

Ein See im Sommer

Jede Jahreszeit bringt etwas Neues.
Im Frühling werden die Tage länger,
im Herbst kürzer.

Im Sommer scheint die Sonne
am längsten.
Da bleiben alle gerne lange auf.

Die vier Jahreszeiten

Mit den Jahreszeiten
verändert sich auch das Wetter.

Am wärmsten ist es im Sommer,
am kältesten im Winter.
Dann fällt auch manchmal Schnee.

Schnee im Winter

Woran erkennst du den Frühling?
Die Bäume und Sträucher bekommen Knospen.
Dann öffnen sich viele kleine Blüten.

Apfelblüte

Frühling

Der Frühling

Im Frühling wachsen die Pflanzen.

Sie treiben aus und blühen.

Frühlingsregen

Die Tage werden länger.

Ab und zu scheint die Sonne.

Aber es regnet noch oft.

Der Frühling

Regenschirm

Im Frühling sollte man immer den Regenschirm dabeihaben!

Der Frühling

Die Bauern pflügen ihre Äcker und bringen die Saat aus.
Die Samen brauchen den Regen zum Keimen.

Pflügen

Ein Samen keimt.

Der Frühling

Viele Tiere bekommen jetzt Junge.

Die Vögel bauen Nester und legen Eier.

Nach wenigen Wochen
schlüpfen die Küken aus.

Küken

Der Sommer ist
die wärmste Jahreszeit.
Das Laub der Bäume
ist dunkelgrün.
Auf den Wiesen blühen
die Sommerblumen.

Sommer-
blumen

Kleine Äpfel

Am Strand

Der Sommer

Im Sommer halten wir uns viel
im Freien auf.
Die Tage sind lang und sonnig.

Bei Sonnenschein
können wir wandern,
draußen spielen oder baden gehen.

Wandern

Der Sommer

Biene

Die Wiesen sind jetzt bunt und saftig.
Die Schmetterlinge flattern von Blüte zu Blüte.

Sommerwiese

Der Sommer

Kaninchen

Emsig summen die Bienen.
Sie sammeln Blütensaft,
um Honig daraus zu machen.

Siehst du das Kaninchen?
Es knabbert saftiges Gras.

Im Herbst
werden die Tage kürzer.
Nachts kühlt es ab.

Die Blätter färben sich
erst goldgelb, dann rot.
Wenn sie abfallen,
wirbelt sie
der Herbstwind
durch die Luft.

Laub

Reife Äpfel

Der Herbst

Weinlese

Im Frühherbst ist Erntezeit.

Die Bauern haben jetzt viel zu tun.

Dieser Weinbauer erntet Trauben.

Aus den Trauben

wird Saft oder Wein gemacht.

Der Herbst

Die Tiere bereiten sich auf den Winter vor.

Eichhörnchen

Die Eichhörnchen legen Vorräte an.
Die Zugvögel machen sich
auf den Weg in den warmen Süden.

Die Amsel frisst Brombeeren.

Im Winter wird es morgens spät hell und abends früh dunkel. Die Laubbäume haben ihre Blätter verloren.

Bäume im Winter

Nackter Ast

Der Winter

Wenn es sehr kalt ist,

fällt Schnee.

Wassertropfen erstarren zu Eiszapfen.

Eiszapfen

Der Winter

Schneehase

Unter dem Schnee warten die Pflanzen auf den Frühling.

Haselmaus

Das Fell des Schneehasen verfärbt sich weiß.
So ist er im Schnee gut getarnt.
Manche Mäuse halten Winterschlaf.

Andere Jahreszeiten

Im Regenwald

gibt es keine Jahreszeiten.

Dort ist es immer warm und feucht.

Im Regenwald

Andere Jahreszeiten

Am Südpol

In der Wüste

In der Wüste
ist es immer trocken.

Am Nordpol und am Südpol
gibt es zwei Jahreszeiten:
Im Sommer ist es Tag und Nacht hell,
im Winter dunkel.

Suchspiel

In welche Jahreszeit passen die Tiere und Pflanzen auf den Bildern?

Lösungen auf Seite 32.

Blüten

Schmetterling

Reife Äpfel

Schneehase

Pilz

Küken

Eiszapfen

Tipp: Schau nach auf den Seiten 6, 11, 16, 18, 19, 24 und 25.

Bilder-Quiz

Die Fotos zeigen den gleichen Baum im Frühling, Sommer, Herbst und Winter. Welches Bild passt zu welcher Jahreszeit?

Lösung auf Seite 32.

Stichwörter

Amsel 21
Apfelblüte 7
Apfel, klein 13
Apfel, reif 19, 28
Ast 23

Bäume im Winter 23
Biene 16
Blüte 28

Eichhörnchen 21
Eiszapfen 24, 29

Frühling 7

Frühlingsregen 8

Haselmaus 25

Kaninchen 17
Küken 11, 29

Laub 19

Pflügen 10
Pilz 29

Regenwald 26

Samen 10

Schirm 9
Schmetterling 16, 28
Schnee 5, 24
Schneehase 25, 28
See 4
Sommerblumen 13
Strand 14
Südpol 27

Wandern 15
Weinlese 20
Wüste 27

Lösungen

Seiten 28–29: Die Blüten gibt es im Frühling • Der Schneehase trägt sein weißes Fell im Winter • Schmetterlinge gibt es im Sommer • Äpfel und Pilze gibt es im Herbst • Die meisten Küken schlüpfen im Frühling • Eiszapfen bilden sich an kalten Wintertagen.

Seiten 30–31: 1 zeigt den Baum im Frühling, 2 im Winter, 3 im Sommer und 4 im Herbst.

Bildnachweis (o = oben; m = Mitte; u = unten; r = rechts; l = links): Umschlag, 1, 3, 8, 12-13, 14, 15, 18-19, 24, 25, 27 beide, 28ul, 29or, 29ur: Digital Stock. 4, 16, 20, 26: Corbis Images. 5, 6-7, 9, 22-23, 28ml: Select Pictures. 10-11, 11r, 28mr, 29ol: Stockbyte. 21: John Foxx Images. 28-29 alle: Sylvestris Fotoservice/FLPA-Images of Nature. Illustrationen: Wayne Ford für Wildlife Art Ltd.; Elizabeth Sawyer.

Die Deutsche Bibliothek – CIP-Einheitsaufnahme

Jahreszeiten / Janet Allison Brown.
Aus dem Engl. von Cornelia Panzacchi. - München : Ars-Ed., 2002
(Wissen der Welt) Einheitssacht.: Seasons <dt.>
ISBN 3-7607-4737-X

1. Auflage 2002

© 2000 Aladdin Books Ltd, London
Titel der Originalausgabe: „Reading about: Seasons"
Die Originalausgabe ist bei Franklin Watts, London erschienen

Copyright © 2002 für die deutsche Ausgabe
arsEdition, München
Alle Rechte vorbehalten

Redaktion der Originalausgabe: Jim Pipe
Bildredaktion: Brian Hunter Smart
Design: Flick Book Design and Graphics
Wissenschaftliche Beratung: Ann Hawken

Aus dem Englischen von Cornelia Panzacchi
Redaktion der deutschen Ausgabe: Magda-Lia Bloos/Ulrike Hauswaldt
Textlektorat der deutschen Ausgabe: Anne Emmert
Lesedidaktische Beratung: Prof. Dr. Manfred Wespel
Satz und Herstellung: Detlef Schuller
Umschlaggestaltung der deutschen Ausgabe: Eva Schindler

ISBN 3-7607-4737-X

www.arsedition.de